VENTE DES 14 ET 15 FÉVRIER 1882

GRAVURES

ET

EAUX-FORTES MODERNES

LITHOGRAPHIES

ŒUVRES DE J.-F. MILLET, JULES JACQUEMART
MERYON, SEYMOUR, HADEN, DAUBIGNY, E. DELACROIX, MEISSONIER
BRACQUEMOND, GAILLARD, ETC.

ESTAMPES DIVERSES — PORTRAITS

COLLECTION C. GONNEAU

DONT LA VENTE AURA LIEU

HOTEL DES COMMISSAIRES-PRISEURS, RUE DROUOT, N° 5
SALLE N° 4

Le Mardi 14 et le Mercredi 15 Février 1882

A UNE HEURE ET DEMIE PRÉCISE

Mᵉ MAURICE DELESTRE	M. CH. DELORIÈRE
COMMISSAIRE-PRISEUR	MARCHAND D'ESTAMPES
Rue Drouot, n° 27.	Rue de Seine, 15.

PARIS

Ch. DELORIÈRE. Marchand d'Estampes

15, RUE DE SEINE, PARIS.

VIENT DE PARAITRE

EDMOND DE GONCOURT

BEAU PORTRAIT GRAVÉ A L'EAU FORTE

PAR

BRACQUEMOND

POUR SERVIR A L'ILLUSTRATION

Hauteur, 0,115 mill. — Largeur, 0,80 mill.

Il n'a été tiré que 250 épreuves avant lettres.

AVANT LETTRES			AVEC LETTRES	
50 épreuves sur Japon.......	8 fr.		Épreuves sur Japon..........	3 fr.
50 — Chine volant.	8		— Chine volant ...	3
50 — Chine monté.	8		— Chine collé.....	3
100 — Hollande....	6		— Hollande........	2

Remise, 25 0/0 net à MM. les Libraires.

Paris. — Typ. Pillet et Dumoulin, 5, rue des Grands-Augustins.

VENTE DES 14 ET 15 FÉVRIER 1882

GRAVURES

ET

EAUX-FORTES MODERNES

LITHOGRAPHIES

ŒUVRES DE J.-F. MILLET, JULES JACQUEMART
MERYON, SEYMOUR, HADEN, DAUBIGNY, E. DELACROIX, MEISSONIER
BRACQUEMOND, GAILLARD, ETC.

ESTAMPES DIVERSES — PORTRAITS

COLLECTION C. GONNEAU

DONT LA VENTE AURA LIEU

HOTEL DES COMMISSAIRES-PRISEURS, RUE DROUOT, N° 5

SALLE N° 4

Le Mardi 14 et le Mercredi 15 Février 1882

A UNE HEURE ET DEMIE PRÉCISE

Me MAURICE DELESTRE
COMMISSAIRE-PRISEUR
Rue Drouot, n° 27.

M. CH. DELORIÈRE
MARCHAND D'ESTAMPES
Rue de Seine, 15.

PARIS

CONDITIONS DE LA VENTE

Elle sera faite au comptant.

Les adjudicataires payeront *cinq pour cent* en sus des enchères.

M. Ch. Delorière, chargé de la vente, se réserve la faculté de rassembler ou de diviser les lots.

ORDRE DES VACATIONS

PREMIÈRE VACATION

Mardi 14 Février. — Numéros .... 1 à 218

DEUXIÈME VACATION

Mercredi 15 Février. — Numéros .... 219 à la fin.

Paris. — Imprimerie Pillet et Dumoulin, 5, rue des Grands-Augustins.

DÉSIGNATION

ACHARD

1 — Paysages gravés à l'eau-forte. — Huit pièces. — Belles épreuves avant lettres.

APPIAN

2 — Le Lac, — La Mare. — Deux pièces. — Belles épreuves, sur japon.

BIDA (d'après)

3 — Vignettes in 4 pour la Bible. — Six pièces. — Epreuves d'essai par divers graveurs.

BONINGTON

4 — Rue du Gros-Horloge, à Rouen. — Belle épreuve, sur chine.

BONNAT

5 — Portrait de M. Thiers. — Belle épreuve avant lettres, sur hollande.

BONNAT (d'après)

6 — Job, gravé par L. Massard. — Epreuve d'essai.

7 — Portrait de Victor Hugo, gravé par L. Massard. — Belle épreuve d'artiste, sur chine.

BRACQUEMOND

8 — Portrait de M. Meyer-Heine. — Belle épreuve sur chine.

9 — Ils s'en allaient dodelinant, etc. — Belle épreuve sur japon, avant lettres.

10 — Portrait de Legros, peintre. — Belle épreuve sur japon, avant lettres.

11 — Panurge sortant de chez Raminagrobis. — Epreuve sur japon.

12 — Canards dans un étang. — Belle épreuve sur japon, avant lettres.

13 — L'Inconnu (le Canard et la Tortue). — Belle épreuve avant lettres, sur japon.

14 — Portrait d'Erasme, d'après Holbein. — Epreuve sur hollande.

15 — La même pièce. — Très belle épreuve du troisième état, signée. — Très rare.

16 — Sous bois, d'après Corot. — Superbe épreuve d'artiste, sur chine, signée.

17 — Le Cheval blanc, paysage, d'après Corot. — Belle épreuve d'artiste, sur hollande, signée.

18 — Portrait de Th. Gautier. — Superbe épreuve d'artiste avant toutes lettres, sur vieux papier, signée.

19 — Portrait de Corot. — Superbe épreuve d'artiste avant lettres, signée.

20 — Le Lac, d'après Corot. — Belle épreuve d'artiste, signée.

21 — Les Buveuses de champagne, d'après Gavarni. — Très belle épreuve avant lettres, signée. — Rare.

22 — La Servante, d'après Leys. — Très belle épreuve avant la planche coupée et avant la lettre.

BRACQUEMOND

23 — Le Haut d'un battant de porte. — Belle épreuve avant lettres, sur japon.

24 — Le Canard. — Très belle épreuve d'état avant les vers, signée. — Très rare.

25 — Fleurs du Mal, frontispice gravé pour la 1re édition des Fleurs du mal, de Beaudelaire. — Très belle et rare épreuve sur japon. — Pièce inédite.

26 — Le Lièvre. — Belle épreuve avant lettres.

27 — Mademoiselle V***, costume d'espada, d'après E. Manet. — Très belle épreuve, avant lettres, sur hollande.

28 — Titre pour les Sermons du Père Gavazzi. — Belle épreuve, sur japon.

29 — Mort du Poussin, — Portrait de Th. Gautier, — Paysages, etc. — Huit pièces. — Belles épreuves.

30 — Jeune Seigneur, d'après Bonington. — Belle épreuve, sur chine, avant lettres.

31 — Sur la Terrasse. — Belle épreuve, sur japon, signée.

BRUNET DEBAISNES

32 — Le Cottage, d'après Corot. — Belle épreuve, sur parchemin.

CARICATURES

33 — Albums, — Sujets divers. — Environ cent pièces. (Sera divisé.)

CHAMPOLLION

34 — Le Papillon, d'après Fortuny. — Belle épreuve, sur japon.

35 — Marocains jouant avec un vautour, d'après Fortuny. — Belle épreuve d'artiste, avant lettres, sur hollande.

CHAMPOLLION

36 — Portrait de Mlle Sarah Bernhardt. — Belle épreuve, avant lettres, sur japon.

CHAUVEL

37 — Une Mare (Forêt de Fontainebleau), d'après Th. Rousseau. — Belle épreuve, sur chine.

38 — Paysages. — Deux pièces. — Belles épreuves, avant lettres, sur japon.

CHOLLET

39 — Portrait de Ferdinand, Philippe, duc d'Orléans, d'après Scheffer. — Très belle épreuve.

COMPTE-CALIX

40 — L'Aveu, pour la suite de l'éternel roman, gravé par Muzelle. — Belle épreuve d'artiste, sur chine, avant lettres.

COROT

41 — Souvenir de Toscane. — Belle épreuve, avant lettres, sur hollande.

42 — Paysage d'Italie. — Belle épreuve, avant lettres, sur japon.

43 — Paysages, — Eaux-fortes originales. — Deux pièces. — Belles épreuves, avant lettres, dont une sur japon.

COURTRY (Ch.)

44 — Dans les Prés, d'après Van Marcke. — Belle épreuve d'artiste, sur japon.

45 — Tête de femme, — Pointe sèche. — Belle épreuve, sur japon, signée.

46 — Christ, d'après E. Delacroix, — Les Fiançailles, — Intérieur de synagogue et autres. — Dix pièces. — Belles épreuves, avant lettre et états.

COURTRY (Ch.)

47 — L'Appel après le pillage, d'après Vibert, — Une église espagnole, d'après Zamacois, — Intérieur, d'après Peter de Hooch. — Trois pièces. — Belles épreuves d'état.

DAUBIGNY

48 — Le Buisson, d'après Ruysdael (H. 73). — Belle épreuve, avant lettres.

49 — La même pièce. — Superbe épreuve du premier état, sur hollande. — Rare.

50 — Le Coup de Soleil, d'après Ruysdael. — Belle épreuve, avant lettres.

51 — Les Vendanges. — Belle épreuve, sur chine.

52 — Le Gué. — Belle épreuve, sur chine.

53 — Les Bergers. — Belle épreuve d'état, sur chine.

54 — Clair de lune à Valmondois. — Belle épreuve, sur chine.

55 — L'Arbre aux corbeaux. — Belle épreuve, avant lettres.

56 — Le Verger. — Très belle épreuve. — Rare.

57 — Lever de lune. — Très belle épreuve du premier état, avant le cuivre coupé.

58 — Le Parc à moutons. — Belle épreuve sur parchemin, petite marge.

59 — La même pièce. — Épreuve sur hollande.

60 — Pommiers à Auvers. — Belle épreuve sur japon.

61 — Chevaux de bateau, — L'Ane à l'abreuvoir, etc. — Quatre pièces. — Belles épreuves, avant lettres, sur chine.

62 — Le Printemps, — L'Automne, — Le Nid de l'Aigle et autres pour les chansons populaires, etc. — Treize pièces. — Belles épreuves.

DAUBIGNY

63 — Paysages, — Eaux-fortes diverses. — Quinze pièces, dont plusieurs avant lettres. — Belles épreuves

DE BLOIS

64 — Jeune mère, d'après Chaplin. — Epreuve d'artiste sur chine, non terminée.

65 — Manon Lescaut. — La Mort de Virginie, d'après James Bertrand. — Deux pièces. — Epreuves d'artiste, avant lettres.

66 — Le Baiser, d'après Carolus Duran. — Très belle épreuve d'artiste, sur chine, avant toutes lettres.

DECAMPS

67 — Village de Turquie (Les Anes sous le toit). — Très rare épreuve d'essai (cat. Moreau, 19.)

68 — La même pièce. — Belle épreuve sur chine.

69 — Gravures et lithographies, par et d'après Decamps. — Dix-huit pièces, la plupart avant lettres.

DELACROIX (Eugène)

70 — Son portrait, gravé par Gigoux. — Belle épreuve sur chine.

71 — Son portrait, gravé par Bracquemond. — Belle épreuve avant lettres.

72 — Son portrait, gravé par Gaucherel, d'après Préault. — Deux épreuves avant lettres.

73 — Juive d'Alger. — Belle épreuve avant lettres.

74 — Tigre couché dans le désert. — (Cat. A.-D. Moreau, n° 16). — Superbe épreuve du premier état. R. R.

75 — La même pièce. — Belle épreuve sur chine.

DELACROIX (EUGÈNE)

76 — Lionne déchirant de ses ongles la poitrine d'un Arabe. — Vernis mou. — (Cat. A.-D. Moreau, n° 17). — Belle épreuve.

77 — Les Ecrevisses à Longchamps (n° 97). — Lithographie. — Belle épreuve. — Rare.

78 — Leçon de voltige (n° 98). — Belle épreuve. — Rare.

79 — Gare derrière!!! (n° 99). — Belle épreuve. — Très rare.

80 — Le Déménagement (n° 100). — Belle épreuve. — Rare.

81 — Tigre jouant avec sa mère. — Lithographie. — Belle épreuve.

E. DELACROIX (d'après)

82 — Marino Falerio, gravé par L. Flameng. — Belle épreuve sur chine, avant lettres.

83 — Médée, gravé par Geoffroy. — Belle épreuve.

84 — L'hermite Capmanhurst et le Chevalier, gravé par Prevost. — Belle épreuve.

85 — La Liberté, lithographie, par Mouilleron. — Belle épreuve sur chine. — Rare.

DESBOUTIN

86 — Mademoiselle Mou-Mou. — Belle épreuve sur hollande.

DESVACHEZ

87 — Angélique, d'après Ingres. — Belle épreuve sur chine, avant lettres, signée.

DIDIER

88 — Suite de quatre vignettes et un fleuron, d'après les dessins de Chevignard, pour l'Oraison funèbre du grand Condé, in-folio. — Très belles épreuves d'artiste.

DUPONT (Henriquel)

89 — Portrait de A. Allier. — Belle épreuve.

90 — Portrait de A. Tardieu, graveur, d'après Ingres. — Belle épreuve sur chine.

91 — Portrait de Buttura, d'après Delaroche. — Très belle épreuve avant lettres.

EAUX-FORTES ANGLAISES

92 — Dix huit pièces. — Avant lettres.

EDWARDS (E.)

93 — Paysages. — Quatre pièces. — Epreuves, avant lettres, sur japon.

FLAMENG (L.)

94 — Jésus bénissant les enfants, d'après Rembrandt. — Belle épreuve avant les lettres.

95 — Le Joyeux compagnon, d'après F. Hals. — Belle épreuve, sur chine, avant lettres.

96 — Portrait du général ***. — Très belle épreuve d'artiste sur japon, signée.

97 — Départ pour le bal, d'après Willems. — Belle épreuve, sur chine, avant lettres, signée.

98 — Jésus guérissant les malades. — Belle épreuve sur chine, avant lettres.

99 — La Source, d'après Ingres. — Epreuve avant lettres.

100 — Portrait d'homme assis, dédié à MM. Hedouin. — Belle épreuve sur hollande.

101 — Portrait de M. Burty. — Belle épreuve avant lettres.

FORTUNY

102 — La Victoire. — Belle épreuve.

FROMENTIN

103 — Quatre sujets, gravés par Le Rat. — Belles épreuves d'artiste, sur chine.

GAILLARD (F.)

104 — Vieille Mendiante. — Belle épreuve, signée. — Rare.

105 — Portrait de Mme ***. — Très belle épreuve sur iapon, signée.

106 — Portrait de Léon XIII. — Très belle épreuve d'essai sur japon. Signée.

107 — Portrait de Mistral, d'après Hebert. — Belle épreuve sur chine. Signée.

108 — Œdipe et le Sphinx, d'après Ingres. — Belle épreuve d'artiste. Signée.

109 — Portrait de Monsieur de Mun. Trois états différents. — Belles épreuves. Signées.

110 — Portrait de Dom Guéranger. 2e état. — Très belle épreuve signée. Rare.

111 — La même pièce. — Très belle épreuve sur chine avant lettres.

112 — Le Crépuscule, d'après Michel Ange. — Belle épreuve sur chine.

113 — La même pièce. — Très belle épreuve du 1er etat. Signée.

114 — La Vierge et l'enfant Jésus, d'après Botichelli. — Très belle épreuve avant lettres. Signée.

115 — Portrait de Condottière, d'après A. de Messine. Belle épreuve sur chine avant lettres. Signée.

GAUCHEREL

116 — Costumes italiens. — Sept pièces. Belles épreuves sur chine.

GAVARNI

117 — Son portrait, lithographié par lui-même. — Belle épreuve.

118 — Son portrait, lithographié par Lafosse. — Très belle épreuve sur chine.

119 — Etudes d'enfants. — Suite complète de douze pièces. Belles épreuves.

120 — Rustic groups of figures. — Suite complète de six pièces, imprimées sur papier teinté, rehaussées de blanc. Dans la couverture de publication. Belles épreuves. Très rare.

121 — Mélodies de Madame Gavarni. — Suite de dix lithographies. Belles épreuves.

122 — Gavarni in London. — Un volume in-8, illustré de vingt-trois pièces. Cartonnage toile.

123 — Les Parisiens (1re série). — Dix pièces. — Belles épreuves sur chine.

124 — Physionomies parisiennes. — Vingt pièces. — Belles épreuves.

125 — Impressions de ménage (2e série). — Trente-neuf pièces. — Belles épreuves sur chine.

126 — Les Débardeurs. — Trente-trois pièces. — Belles épreuves.

127 — Les Lorettes. — Quarante-deux pièces. — Belles épreuves.

128 — Masques et Visages. — Quatre-vingts pièces, partie sur chine. — Belles épreuves.

129 — Sept pièces. — *Épreuves avant lettres*, faisant partie de diverses suites.

130 — Vingt-trois pièces séparées de diverses suites. — Belles épreuves.

GÉROME

131 — Le Fumeur turc. — Belles épreuves avant lettres.

GONCOURT (J. DE)

132 — Eaux-fortes d'après les maîtres du XVIIIe siècle. — Neuf pièces. — Epreuves d'état et artistes sur chine et hollande.

GREUX (G.)

133 — Milton dictant le Paradis perdu à ses filles, d'après Munkacsy. — Belle épreuve sur japon.

GUDIN

134 — Essais à l'eau-forte (1er cahier). — Six pièces. — Belles épreuves, dans la couverture de publication.

GUÉRARD (H.)

135 — Portrait d'homme, d'après Velasquez. — Azor. — Deux pièces, dont une imprimée en couleur. Belles épreuves.

HUET (PAUL)

136 — Eaux-fortes originales. — Quatre pièces. — Belles épreuves sur chine.

137 — Paysages. — Deux pièces. — Belles épreuves sur chine.

INGRES

138 — L'Odalisque, lithographie par Sudre. — Belle épreuve sur chine avant le titre.

139 — Les quatre Seigneurs sous le dais, lithographie originale. Belle épreuve.

140 — S. A. R. Mgr le duc d'Orléans, gravé par Calamatta. — Belle épreuve sur chine.

141 — L'Odalisque, lithographie originale. — Belle épreuve.

INGRES

142 — La Semaine. Suite complète de huit pièces gravées par Haussoullier. — Belles épreuves.

143 — Roger et Angélique, lithographié par Sudre. — Très belle épreuve sur chine avant le titre.

ISABEY (E.)

144 — Radoub d'une barque. — Souvenir de Saint-Valery. — Deux pièces sur chine.

JEANRON

145 — Mulets. — Trois pièces. — Belles épreuves.

JACQUEMART (J.)

146 — L'Epée de Chilpéric. — Très belle épreuve avant lettres sur parchemin.

147 — La Veuve et l'enfant, d'après Reynolds. — (G. 285.) — Superbe épreuve d'état, avant la signature sur grand papier.

148 — La Ville et la Campagne. — Belle épreuve avant lettres.

149 — Portrait de Rembrandt. — Belle épreuve avant lettres sur grand papier.

150 — Vénus marine, d'après un bronze italien de la collection A. Thiers. Belle épreuve avant lettres sur grand papier.

151 — Table en bois sculpté de M. Beurdeley. — Belle épreuve avant lettres.

152 — La Gênoise. — Belle épreuve avant lettres sur chine.

153 — Une Fête dans une auberge, d'après Ostade. — Belle épreuve avant lettres, avant le cuivre coupé.

154 — Le Vieux Marché à Fécamp. — Belle épreuve sur Japon.

JACQUEMART (J.)

155 — Les Gemmes et Joyaux de la couronne. — Seize pièces détachées de la suite. — Très belles épreuves avant lettres.

156 — Armes du XVIe siècle. — Belles épreuves avant lettres.

157 — Buste de Henri III d'apres le bronze de Germain Pilon. — Belle épreuve avant la lettre.

158 — Les Amateurs de dessins, d'après Meissonier. — Belle épreuve avant la lettre sur Japon.

159 — Le Goupillon. — Superbe et rare épreuve avant lettres, sur parchemin.

160 — Élisabeth de Valois, d'après A. Moro. — Très belle épreuve sur papier de Japon.

161 — Portrait de Th. Gautier. — Superbe et rare épreuve sur parchemin avant la lettre.

162 — Marines, d'après Van Goyen. — Deux pièces avant lettres sur Japon.

163 — Le Soldat et la fillette qui rit, d'après Van der Meer. — Belle épreuve avant la lettre.

164 — Portrait d'homme, d'après Van der Helst. — Belle épreuve avant lettre, sur Hollande.

165 — Le Coq (frontispice de la Société des Aquafortistes). — Belle épreuve avant lettre.

166 — Plantes de serre. — Belle épreuve avant la lettre.

167 — Tour de Nesle, — Chantilly, — d'après Silvestre et Perelle, pièces détachées de Lord Herbert de Gherbury. — Superbes épreuves du 1er État.

168 — Portrait de Mme C. Fillon. — Belle épreuve avant la lettre.

169 — Défilé des Populations lorraines à Nancy, d'après Meissonier. — Superbe épreuve avant la lettre, sur Japon. Très rare.

JACQUEMART (J.)

170 — La même pièce. — Belle épreuve avant la lettre sur papier de Hollande.

171 — Une exécution au Japon. — Belle épreuve sur Japon avant la lettre.

172 — Le Bourgmestre de Leyde et sa femme, d'après de Moor. — Belle épreuve sur Japon.

173 — Dix pièces diverses. — Belles épreuves.

LALAUZE

174 — Suite de 18 Vignettes pour les Mille et une Nuits, in-8°. Épreuves d'artiste avec remarque. — Suite incomplète.

175 — Le Marché aux Servantes, d'après Ch. Marchal. — Belle épreuve d'état, sur papier de Hollande.

LAMI (E.)

176 — Portrait d'Alfred de Musset, gravé en couleur par Legenisel. — Belle épreuve sur Chine avant lettre.

LEGROS (A.)

177 — Portrait de M. L. Gambetta. — Belle épreuve avant la lettre, signée.

178 — Pêche à la truble. — Belle épreuve d'état.

179 — Sujets divers. — Dix pièces. — Belles épreuves.

LE RAT

180 — Portraits, — Campra, — Gluck, — Meyerbeer, — Rameau, — Rossini et Spontini, 6 pièces. — Épreuves d'artiste.

181 — Personnage flamand, portrait de femme, etc., 12 pièces. — Belles épreuves d'artiste.

LEYS (H.)

182 — Promenade hors les murs. (Faust et Wagner). — Belle épreuve.

183 — Intérieur flamand. — Belle épreuve.

184 — Les Archers. — Belle épreuve sur hollande.

185 — Intérieur de Luther. — Les Archers, 2 pièces. — Belles épreuves.

MARTIAL

186 — Rue de la Tonnellerie. — Trois pièces. — Belles épreuves avant la lettre sur Chine.

MARTINET (ACHILLE)

187 — Jésus et la Samaritaine. — Belle épreuve sur Chine avant la lettre signée et avec dédicace.

188 — Apothéose d'Homère, d'après Ingres. — Très belle épreuve d'artiste, signée avec dédicace.

MARILHAT

189 — Souvenir de la Campagne de Rosette. — Belle épreuve sur chine.

MARVY

190 — Paysages d'après Corot, Diaz, etc. — Vingt pièces. — Belles épreuves.

MASSARD (L.)

191 — La Naissance de la Vierge, d'après Murillo. — Belle épreuve avant toute lettre, épreuve de remarque.

MEISSONIER (E.)

PIÈCES ORIGINALES

192 — Le Fumeur assis. — Très belle épreuve sur chine.

193 — Le Polichinelle. — Belle épreuve toute marge (on y a joint les deux copies).

194 — Les petits Reitres. — Belle épreuve sur chine.

195 — Le Rapport. — Belle épreuve.

MEISSONIER (E.) (d'après)

196 — Son portrait, d'après lui-même, gravé par Regnault. — Épreuve sur chine.

197 — Un Gentilhomme, gravé par Ch. Blanc. — Belle épreuve avant lettre.

198 — La Cavalcade. — La Barricade. Deux pièces, par de Mare. — Belles épreuves avant lettre sur japon.

199 — Portrait de A. Dumas fils, par Mongin. — Très belle épreuve sur chine avant lettre. Signée.

200 — Le Liseur, gravé par Jules Jacquemart. — Belle épreuve sur hollande.

201 — Une lecture chez Diderot, gravé par Mongin. — Très belle épreuve d'artiste. Signée.

202 — La Chanson, gravé par Mongin. — Très belle épreuve sur hollande, avant-dernier état. Signée.

203 — Le Liseur, gravé par Carey. — Très belle épreuve avant lettre sur chine.

204 — La même pièce. — 1er état. — Rare.

205 — Les Amateurs de peinture, gravé par L. Flameng. — Belle épreuve sur chine avant lettre.

206 — Une Halte, gravé par Lalauze. — Belle épreuve.

207 — Gentilhomme, gravé par Gilbert. — Très belle épreuve sur chine. Signée.

208 — Sentinelle en 1793, gravé par Gaucherel. — Belle épreuve d'état avant le fond, et épreuves avec le fond. — Deux pièces rares. Signées.

209 — Un Lansquenet, gravé par Le Rat. — Deux épreuves dont une non terminée.

210 — Portrait de Corneille, gravé par Lestudié. — Très belle et rare épreuve d'artiste.

MEISSONIER (E.) (d'après)

211 — Le Bibliophile, gravé par Gervais. — Belle épreuve d'artiste sur chine.

212 — La même pièce. — Epreuve d'état.

213 — La Sentinelle endormie, gravé par Gaucherel. — Belle épreuve d'artiste.

214 — Le Philosophe, gravé par Le Rat. — Belle épreuve d'état. Très rare.

215 — Homme assis à son bureau, gravé par Ch. Courtry. — Belle épreuve non terminée d'une planche inédite. Rare.

216 — Cavalier Louis XIII, gravé par Le Rat. — Belle épreuve sur chine avant lettres.

217 — Manon. Deux sujets sur la même feuille. — Pièce tirée des chansons populaires. — Epreuve sur chine avant le texte.

218 — La Rentrée. — Mariage de Monseigneur. — Le Gué. — Trois pièces gravées sur bois par Lavoignat, pour : Les contes Remois. — Superbes et rares épreuves d'essai tirées sur chine volant.

MELOIS

219 — La Charité, d'après Norblin. Belle épreuve sur chine avec dédicace. Signée du peintre.

MERCURI (P.)

220 — Portrait de Christophe Colomb. — Belle épreuve avant lettres sur chine.

MERYON

221 — Son portrait, gravé par Bracquemond, 1853. — Belle épreuve avant lettres.

222 — Le grand Châtelet, d'après un dessin exécuté vers 1780. Belle épreuve.

MERYON

223 — Partie de la cité de Paris vers la fin du XVIIIe siècle, sur la rive gauche de la Seine. — Belle épreuve.

224 — Saint-Étienne-du-Mont (44). — Superbe épreuve du premier état, avec les initiales C. M. dans le haut, à droite. Sur papier ancien.

225 — Tourelle, rue de la Tixeranderie (43). — Superbe épreuve avec les initiales C. M. dans le haut, à droite et avant l'adresse. Sur papier du Japon.

226 — La même pièce. — Belle épreuve.

227 — Le Petit-Pont. Belle épreuve sur chine.

228 — L'Arche du pont Notre-Dame. — Très belle épreuve sur japon.

229 — La Galerie de Notre-Dame. — Belle épreuve sur vieux papier.

230 — La Tour de l'Horloge. — Belle épreuve sur chine.

231 — Vue de l'Ancien Louvre. — Belle épreuve.

232 — La rue des Chantres. — Très belle épreuve sur hollande.

233 — La rue Pirouette, aux Halles. — Belle épreuve sur chine.

234 — Le Pont-Neuf. — Très belle épreuve sur chine.

235 — Tombeau de Molière. — Belle épreuve sur vieux papier.

236 — Le pavillon de Mademoiselle. — Très belle épreuve avant lettres sur japon.

237 — La porte Baudet, d'après Zeemann. — Belle épreuve avant lettres.

238 — Vue de San Francisco. — Très belle épreuve sur chine.

239 — La Pêche aux Palmes. — Belle épreuve.

MICHELIN

240 — Paysages. — Sept pièces dont cinq sur japon. — Très belles épreuves.

MILLET (J.-F.)

PIÈCES ORIGINALES

241 — L'homme appuyé sur sa bêche. — (Cat. Sensier, n° 4). — Très belle épreuve. Rare.

242 — Les deux Vaches (S. 5). — Très belle épreuve sur Hollande. Rare.

243 — Mouton paissant (S. 6). — Belle épreuve sur vieux papier.

244 — Croquis. — Femme étendant du linge. Petit bêcheur. Paysan assis (S. 7). — Belle épreuve. — Pièce tirée à 10 exemplaires.

245 — Croquis divers. — Petite tricoteuse. Femme nue. Arbre, etc. (S. 8). — Belle épreuve. — Pièce tirée à dix.

246 — Ramasseurs de Varech (S. 9). — Belle épreuve, tirée à dix.

247 — La Couseuse (S. 10). — Belle épreuve sur hollande.

248 — La Femme qui bat le beurre (S. 11). — Superbe épreuve du 2me état, imprimée en bistre sur papier de chine.

249 — Paysan rentrant du fumier (S. 12). — Belle épreuve du 2e état, sur chine.

250 — Les Glaneuses (S. 13). — Superbe épreuve du 2e état, sur papier de Hollande.

251 — Les Bêcheurs (S. 14). — Superbe épreuve sur papier de Hollande.

252 — La Veillée (S. 15). — Superbe et rare épreuve sur japon (peut-être unique sur ce papier). — Il n'a été tiré de cette pièce qu'un très petit nombre d'épreuves, et J.-F. Millet a fait détruire la planche.

MILLET (J.-F.)

253 — La Cardeuse (S. 16). — Très belle épreuve sur hollande.

254 — Femme faisant manger son enfant (S. 18). — Belle épreuve sur chine.

255 — La Grande Bergère (S. 19). — Très belle épreuve sur papier de hollande. — Rare.

256 — Le Départ pour le travail (S. 20). — Superbe épreuve sur papier de Hollande, avec le nom de Delâtre, mais avant le nom et l'adresse de Mourceaux. Etat intermédiaire entre le 2e et 3e état. — Rare.

257 — La Fileuse (S. 21). — Belle épreuve du 2e état, sur hollande. — Rare.

258 — Le Semeur (S. 23). — 1re épreuve d'essai avec les salissures. — Rare.

259 — Olivier de Serres (S. 24). — Lithographie. — Belle épreuve sur chine.

260 — Bêcheur au travail (S. 30). Bois. — Belle épreuve tirée en jaune, par Millet, sur le verso d'une carte. — Pièce très rare.

261 — Croquis. Bois (S. 31). — Épreuve d'état tirée sur chine, à titre de curiosité. — Épreuve unique.

262 — Femme vidant un seau. Bois (S. 32). — Très belle épreuve sur japon. — Ce bois et le suivant ont été gravés par Pierre Millet, sur les dessins de J.-F. Millet.

263 — Bergère au repos. Bois (S. 33). — Très belle épreuve sur japon.

264. — Bêcheur appuyé sur sa bêche. Petite figure gravée sur bois, par J.-F. Millet. — Épreuve unique tirée sur chine. — Pièce inconnue à M. Sensier; donnée par la famille à l'amateur.

MILLET (J.-F.) (d'après)

265 — Le Semeur, gravé par Le Rat. — Belle épreuve d'artiste, sur japon.

266 — Diverses pièces, eaux-fortes et lithographies, d'après J.-F. Millet. — Huit pièces.

MONGIN

267 — Sur la Grande route, d'après Glandini. — Très belle épreuve de remarque, sur japon, signée du peintre et du graveur.

MONNIER (H.)

268 — Ma Tabatière, — La Grisette, — Vive la bamboche, etc. — Quatre pièces imprimées sur morceaux de musique.

269. Invitation à déjeuner. — H. Monnier dans la Famille improvisée. — M. de Fougeray, etc. — Six pièces couleur.

270 — Les Marionnettes. — Le Voyageur. — Monsieur le Préfet. — Un Inamovible — Fontenay dans le rôle de Hubert, etc. Huit pièces couleur. — Belles épreuves.

271 — Les Grisettes, numéros 1 à 12. Plus deux pièces doubles, quatorze pièces couleur. — Belles épreuves.

272 — Les Gens sans façon, trois pièces. — Jadis et aujourd'hui, etc. — Six pièces noires et couleur. — Belles épreuves.

273 — Portraits d'Henry Monnier dans la Famille improvisée. — Lithographie par E. Lami. — Belle épreuve.

274 — Voyage en Angleterre. — Neuf pièces noires et couleur. — Belles épreuves.

MORSE

275 — Le Bénédicité, d'après Maës. — Épreuve d'artiste sur Chine.

276 — Portrait du pape Léon XIII. — Belle épreuve avant lettres, sur japon.

NANTEUIL (Célestin)

277 — Titre gravé pour les drames de A. Dumas. — Don Juan de Marana, — Deux pièces. — Belles épreuves. — Rares.

278 — Jacintha. Eau-forte. — Belle épreuve.

ORLÉANS (F.-d')

279 — Lithographies. Suite de six pièces. — Épreuves sur chine. — Rares.

PICHARD (E.)

280 — Molière chez son barbier, d'après Vetter. — Superbe épreuve d'artiste avec dédicace à M. Courbet.

281 — La même pièce. — Belle épreuve.

QUEROY (A.)

282 — Le vieux Moulin. — Vingt et une pièces sur hollande avant lettres.

283 — Le vieux Vendôme. — Dix-sept pièces sur hollande avant lettres.

RAJON (P.)

284 — Repas de Famille, d'après J. Stein. — Très belle épreuve sur chine avant lettre. Signée.

285 — Portrait de Sully Prud'homme. — Belle épreuve avant lettres sur chine.

286 — Portrait de Mlle Delaporte. — Belle épreuve avant lettres.

287 — Cuisinière hollandaise, d'après Maës. — Très belle épreuve d'artiste sur vieux papier.

288 — La femme au chapeau de paille, d'après Rubens. — Superbe épreuve d'état sur papier de Hollande.

289 — Rembrandt dans son atelier, d'après Gérôme. — Belle épreuve d'essai.

RAJON (P.)

290 — Le Pitre. (Pour les sonnets et eaux-fortes.) — Belle épreuve d'état sur hollande. Rare.

291 — Portrait de Bracquemond, d'après Bracquemond. — Superbe épreuve d'artiste sur vieux papier avec dédicace.

292 — Portrait de jeune fille. — Belle épreuve d'état sur chine volant.

293 — L'Alsace, d'après Ch. Marchal. — Très belle épreuve d'état.

294 — Portrait de M. Baldwin, d'après Sir Joshua Reynolds. — Belle épreuve d'artiste avec le nom à la pointe.

295 — La Prière, d'après Chalmers. — Belle épreuve avant lettres.

296 — Portrait de Madame Rose. — Belle épreuve avant lettres avec les noms à la pointe.

297 — Rixe dans un cabaret en Alsace, d'après Vautier. — Très belle épreuve sur chine. Signée.

ROPS (Félicien)

298 — Menus, — Lettrines — Ex libris — Croquis — Le Trapèze — Planche de dix-huit sujets pour Cythère. — Ensemble vingt-deux pièces. — Très belles épreuves d'état sur japon, chine et papiers anciens.

299 — Le Peintre. — Le Tzigane, etc. — Cinq pièces. — Belles épreuves.

ROUSSEAU (Th.)

300 — Le Chêne de roche. — Très belle épreuve sur Chine.

301 — La Plaine de la plante à Biau. (Forêt de Fontainebleau.) — Très belle épreuve. — Procédé sur verre. Rare.

302 — Le Cerisier de la plante à Biau. — Très belle épreuve avec essais dans les marges. — Procédé sur verre. Rare.

ROUSSEAU (Th.)

303 — Paysages. — Héliographies. — Quatre pièces. — Belles épreuves. Rares.

SEYMOUR HADEN

304 — Études d'arbres (Jardins de Kensington). — Très belle épreuve sur vieux papier.

305 — La même pièce. — Très belle épreuve sur Chine.

306 — Vue du Port d'Amsterdam. — Très belle épreuve.

307 — House at Old Chelsea. — Très belle épreuve.

308 — Evening. — Très belle épreuve sur Chine.

309 — Kidrelly. — Très belle épreuve.

310 — Brentford. — Très belle épreuve.

311 — Fulham sur la Tamise. — Très belle épreuve du 1er éta sur Japon.

312 — L'écluse d'Egham. — Très belle épreuve sur papier de Hollande.

313 — Bords de la Tamise. — Deux belles épreuves dont une avant lettres.

314 — La Tamise à Battersea. — Très belle épreuve sur hollande, avec le ballon.

315 — Les Mains qui gravent. — Belle épreuve

316 — L'habitation de Lord Harrington. — Vue des jardins de Kensington. — Très belle épreuve sur Japon.

317 — Vue de Calais. — Belle épreuve.

318 — Paysages. — Deux pièces. — Belles épreuves sur Chine.

319 — Les Mêmes. — Deux pièces. — Belles épreuves sur Hollande.

TISSOT

320 — Sur l'herbe. — Pointe sèche. — Belle épreuve.

321 — La Première Culotte. — Pointe sèche. — Belle épreuve.

TOUSSAINT

322 — Vues de Paris. — Deux pièces. — Épreuves sur japon.

TRIMOLET

323 — Ancien marché des Innocents. — Grande eau-forte. — Belle épreuve sur Chine

324 — Les douze Mois. — Suite complète de douze eaux-fortes. — Belles épreuves.

VALERIO

325 — Une Pusta. — Eau-Forte. — Belle épreuve sur Chine.

326 — Chef Arabe. — Paysages, etc. — Six pièces. — Belles épreuves sur Chine.

VERBOECKHOVEN (Eug.)

327 Bœuf. — Cheval. — Deux pièces lithographiées. — Belles épreuves.

WALNER (Ch.)

328 — Portrait du prince de Galles. — Très belle épreuve d'artiste sur Japon, avec le nom du graveur à la pointe.

329 — M. Fitzherbert. — Belle épreuve avant lettres, sur Japon.

WHISTLER

330 — Miss Finette. — Très belle épreuve, sur vieux papier. Rare.

331 — Billingsgate. — Très belle épreuve.

332 — Sous ce numéro il sera vendu par lots deux portefeuilles de gravures. — Eaux-fortes, lithographies, etc.

ESTAMPES DIVERSES

PIÈCES EN NOIR ET EN COULEUR

PORTRAITS

BASSET (A Paris, chez)

334 — Cérémonie du couronnement de Louis XVI, le 11 juin 1775. — Pièce in-folio. Dans le haut de l'entourage, le portrait de Marie-Antoinette soutenu par des amours. — Très rare.

BAUDRY (Paul)

335 — Beulé, gravé par A. Gilbert. — Epreuve d'artiste.

BEAUVARLET

336 — Le Jardinier. — La Fruitière, d'après Vanasse. — Deux pièces. — Très belles épreuves avec marges.

BERTONNIER, etc.

337 — Portraits de Turenne, Fléchier, Cardinal de Fleury. — Quatre pièces pour les Oraisons funèbres, lettres grises et une à l'état d'eau-forte.

BERVIC

338 — Carolus Linné, d'après Roslin. — Très belle épreuve.

BOUCHER (d'après)

339 — Seconde vue des environs de Charenton, gravé par Ph. Le Bas. — Très belle épreuve.

BOVINET

340 — Portrait de l'abbé Desfontaines. — In-8. Belle épreuve avant la lettre, toutes marges.

CALAMATTA

341 — Profil de Napoléon 1er. — Très belle épreuve sur papier teinté.

CANALETTI

342 — Vues d'Italie. — Eaux-fortes, quinze pièces. — Belles épreuves.

CATHELIN ET ROGER

343 — Portrait de Bossuet. — Deux pièces avant la lettre.

344 — Portrait de Fénelon, avant et avec la lettre. — Deux pièces.

CHAPRON (N.)

345 — Les Loges de Raphael, au Vatican. — Album de cinquante-deux pièces. — Belles épreuves.

CHEVILLOT

346 — Marguerite Siméone Pouget, d'après Chardin. — Belle épreuve.

CHOFFARD (P. P.)

347 — Charles Palissot, d'après Monnet. — Belle épreuve toutes marges.

COCHIN (C.-N.)

348 — Sophie Lecoulteux du Molay. Médaillon ovale entouré de figures allégoriques et des attributs de la musique, gravé par Nicolet. — Belle épreuve avant lettres.

349 — Pièce allégorique sur la mort de Louis XIV. — Petit in-folio. — Très belle épreuve avant lettres. Grandes marges.

350 — L. Bay de Curys — de Villeneuve, comte de Vence — Louis de Boissy. — Trois pièces. — Belles épreuves.

COPIA

351 — La Vengeance de Cérès, d'après Prud'hon. — L'Amour vengé, gravé par Mariage, d'après Fragonard fils. — Deux pièces. — Belles épreuves.

DAMMAN

352 — Portrait de M. Carrier-Belleuse. — Belle épreuve à l'eau-forte pure.

DELVAU

353 — Portrait de Fénelon. — Belle épreuve toutes marges.

354 — Portraits de J.-B. Rousseau, d'après Aved. — Dix pièces dont une avant la lettre.

DE MARCENAY

355 — Le Maréchal de Saxe, d'après Liotard. — Très belle épreuve avant le ciel ombré, toutes marges.

DEQUEVAUVILLER

356 — Barthelémy. — In-8 avant la lettre. — Autre à l'eau-forte pure.

DESCOURTIS

357 — Vue des Tuileries du côté du Château. — Vue des Tuileries du côté du pont Tournant. — Deux pièces en couleur. — Très belles épreuves.

DIEN (M. F.)

358 — Le duc de Choiseul-Gouffier, d'après Boilly. — Belle épreuve avant la lettre, toutes marges.

DREVET (P.)

359 — Portrait de Hyacinthe Rigaud. — Gr. in-folio. — Belle épreuve.

DUFLOS (C.)

360 — Jean-François de Gondy. — Charles de Gondy, gravé par L. Moreau. — Deux pièces.

DUPIN

361 — Le prince Eugène. — Autre, chez Daumont. — Deux pièces.

DUPIN, A. MASSARD, etc.

362 — Portraits de J. Racine. — In-8. Six pièces dont trois avant la lettre.

DUPRÉEL ET **PIGEOT**

363 — Portraits de Bossuet, en pied, d'après Rigaud. — Deux pièces. — Epreuves avant la lettre, le nom du graveur à la pointe.

DUPONT (HENRIQUEL)

364 — Joseph Coiny, graveur. — Belle épreuve sur chine.

EDELING (G.)

365 — Pierre-Vincent Bertin, d'après Coypel le fils. — Belle épreuve.

ETHIOU, BLANCHARD, etc.

366 — Portraits de Boileau. — Quatre pièces dont trois avant la lettre.

FRAGONARD (H.)

367 — Le Verrou. — Le Prélude de Nina. — Deux charmantes petites pièces rondes, gravées en couleur par A. M. de Gouy. — Très belles épreuves, marges.

368 — Le chiffre d'amour. Charmante petite pièce ronde, gravée en couleur par A. M. de Gouy. — Très belle épreuve, marges.

GAUCHER, BENOIST, etc.

369 — Portraits du Grand Condé. — Six pièces.

HENRIQUEZ (B. L.)

370 — Le Jugement de Pâris, d'après Séb. Bourdon — Eau-forte pure.

371 — J. d'Alembert, d'après Jollain. — Belle épreuve.

HOIN

372 — Apothéose de Mirabeau. — Belle épreuve imprimée en bistre.

HONDIUS

373 — Chasse à l'Ours. — Chasse au sanglier. — Deux pièces. — Très belles épreuves.

ISABEY (d'après)

374 — La reine Hortense, en pied, gravée par Pauquet. — Belle épreuve d'artiste sur chine.

JEAURAT

375 — Pierre Puget. — Très belle épreuve (Collection Vischer).

JÉOTTE, ÉTHIOU, etc.

376 — Portraits de Fénelon. — Cinq pièces dont quatre avant la lettre.

JOHANNOT, TOUZÉ, etc.

377 — Portraits de la Collection Janet. — Sept pièces avant la lettre et une à l'eau-forte pure.

LALAUZE

378 — Mlle Broisat. — Marie Laurent. — Deux pièces. — Belles épreuves avant toutes lettres.

LANGLOIS (P.-G.)

379 — Portrait de Fontenelle, d'après Voiriot. In-4. — Autre par Prévost avant la lettre. — Deux pièces.

LAUGIER

380 — Portrait de Marie Amélie, duchesse d'Orléans, d'après F. Gérard. — Belle épreuve avant la lettre sur chine, toutes marges.

LE BAS

381 — Recueil de différentes charges, dessinées à Rome par Carle Vanloo. — Dix pièces.

LE BEAU, etc.

382 — Portraits du cardinal de Richelieu. In-8. — Six pièces dont une avant la lettre.

383 — Bette d'Etienville. In-8. — Très belle épreuve, toutes marges.

LE BRUN (Vign)

384 — Vénus liant les ailes de l'Amour, gravé par Schultze. — Belle épreuve.

LEGUAY (E.)

385 — Paul de Kock, en pied, d'après Sandoz. — Très belle épreuve avant la lettre.

386 — Portrait de Mme de Sablé. — Très belle épreuve avant la lettre sur chine.

LEROUX, BERTONNIER, etc.

387 — Portrait de Blaise Pascal. — Quatre pièces avant la lettre.

LEU (Thomas de)

388 — Anne, duc de Joyeuse. — Louis de Bourbon, prince de Condé. — Louis de Lorraine, cardinal de Guise. — Trois pièces.

LITTRET

389 — Antoine de Malvin de Montazet, archevêque. — Très belle épreuve.

LOUIS (Aristide)

390 — Mignon regrettant la patrie, d'après Ary Scheffer. — Belle épreuve.

MECHEL (Chr. de)

391 — Portrait du général Elliot, gouverneur de Gibraltar. — Belle épreuve, grande marge.

MÉCOU

392 — Louise Marie Adélaïde de Bourbon-Penthièvre, d'après Dumeray. — Marie-Louise, d'après Isabey. — Deux pièces. — Belles épreuves, toutes marges.

MORIN

393 — Antoine Vitré, d'après P. de Champaigne. — Belle épreuve.

PAUQUET (H.)

394 — L'Impératrice Joséphine, en pied. — Epreuve d'artiste sur chine.

395 — Portraits de Mme de Pompadour — Louis XVI — Eugène de Beauharnais — Napoléon Ier, etc. — Dix pièces avant et avec la lettre. Grand papier.

POURVOYEUR, ÉTHIOU, etc.

396 — Portraits de P. Corneille. — Quatre pièces dont une à l'eau-forte pure et deux avant la lettre.

PRADIER (C.-S.)

397 — Portrait de Canova, d'après Gérard. — Autre par Bettelini. — Deux pièces.

REMBRANDT ET AUTRES

398 — Portraits gravés par de Frey, Masquelier, Oortman, etc. Douze pièces.

RÉVOLUTION

399 — Le Dauphin arraché des bras de sa mère. — La Reine est traînée en prison. — Deux pièces in-folio, publiées à Londres. — Belles épreuves.

ROCHARD ET C. HULOT

400 — Portrait de Malherbe. — Deux pièces avant la lettre.

ROY, DUPRÉEL, etc.

401 — Portraits de Bossuet. — Cinq pièces dont trois avant la lettre.

RUBENS (d'après)

402 — François II, grand duc de Toscane, — Jeanne d'Autriche, grande duchesse de Toscane, portraits en pied. — Deux pièces. — Très belles épreuves en couleur.

SAINT-AUBIN

403 — Portrait de Fénelon, in-4. — Belle épreuve toute marge.

404 — Portrait de La Fontaine, in-8. — Belle épreuve, marges, in-4.

405 — Blaise Pascal, in-8. — Belle épreuve, marges, in-4.

406 — Portrait de Peyronnet, architecte, d'après Cochin, in-fol. — Belle épreuve.

SIMONNET, PETIT, etc.

407 — Portraits de Boileau, le Grand Condé, Mme de Maintenon, etc. — Cinq pièces avant la lettre, dont deux à l'eau-forte pure.

TARDIEU

408 — Portrait de Fénelon, copie de celui de Fiquet. — Très belle épreuve.

TÉNIERS (d'après)

409 — La Pêche. — VIIe Vue de Flandre, par Le Bas. — Les Joueurs de boules, par Martini, à l'état d'eau-forte. — Trois pièces.

VENDRAMINI (F.)

410 — Mlle George et Mlle Bourgoin, dans le rôle d'Iphigénie en Aulide. — Belle épreuve.

WATTEAU (d'après)

411 — Les Délassements de la guerre, par Crépy le fils. — Belle épreuve.

412 — Sous ce numéro, il sera vendu par lots environ deux cents pièces de diverses écoles.

Imprimerie PILLET et DUMOULIN, rue des Grands-Augustins, 5, à Paris.

www.ingramcontent.com/pod-product-compliance
Ingram Content Group UK Ltd.
Pitfield, Milton Keynes, MK11 3LW, UK
UKHW032018260826
14628UKWH00006B/2555

9 782329 514512